Stéphanie Bulteau

Leckere Eiscreme mit nur 4 Zutaten

Bassermann

Inhalt

Tipps
FÜR EINEN GELUNGENEN START

Ist es möglich, aus nur vier Zutaten Eis herzustellen, das nicht nur köstlich ist, sondern auch mit Originalität punktet? Die Antwort lautet: Ja! Sie werden feststellen, dass gerade einfache Rezepte besonders erstaunliche Ergebnisse erzielen. Ich würde sogar behaupten, dass dank der wenigen Zutaten die Aromen besonders gut zur Geltung kommen. Solche Eissorten sind nicht überladen, sondern authentisch im Geschmack. Genau das macht den Charme dieser Eisrezepte aus!

Welches spezielle Haushaltsgerät wird gebraucht? Gar keins! Die Rezepte in diesem Buch sind schnell und einfach umzusetzen und zwar ganz ohne Eismaschine. Sie mixen, schmelzen, karamellisieren, verquirlen, aromatisieren, mischen, teilen auf und frieren ein. Das ist nicht kompliziert und macht Spaß!

Was ist also das Geheimnis? Die Grundzutaten: gefrorene frische Früchte und/oder Sahne mit gezuckerter Kondensmilch. Die einzige unumstößliche Regel lautet: Sahne und Kondensmilch müssen unbedingt sehr kalt sein! Mein Tipp: Haben Sie diese Zutaten immer im Kühlschrank parat. Sie sollten vor der Verwendung mindestens eine Nacht kalt gestellt sein. Auch die Früchte sollten sehr kalt sein. Schneiden Sie das Fruchtfleisch in Stücke und frieren Sie es in einem gut verschlossenen Beutel ein.

Es gibt mehr als 40 Eissorten in diesem Buch, aber Ihrer Fantasie sind keine Grenzen gesetzt. Stellen Sie Eis nach Ihren persönlichen Vorlieben zusammen. Mit einem Coulis oder einem üppig dekorierten Eistütchen werden Ihre Kreationen noch köstlicher und dazu echte Hingucker! Auf den beiden folgenden Seiten finden Sie Grundrezepte für Milcheis-Sorten, die für sich schon ein Genuss sind. Die schmackhafte, bunte und durchaus auch gesunde Welt der Eiscreme eröffnet sich dann in den Einzelrezepten für Milch- und Fruchteissorten. Und Sie erfahren, wie Sie leckere Coulis – das sind Soßen zum Verfeinern aus der französischen Küche – selbst herstellen können.

Die Grundrezepte

EISCREME

Für 1 Liter Eis
Zubereitungszeit: 5 Minuten
Gefrierzeit: 6 Stunden

400 ml Sahne (30 %, gekühlt)
250 g gezuckerte Kondensmilch (gekühlt)

Die Sahne mit der Kondensmilch steif schlagen. 6 Stunden in einer gut verschließbaren Gefrierdose in den Gefrierschrank stellen. Das Eis 10 Minuten vor dem Servieren herausnehmen und zu Kugeln formen.

Macaron-Pistazien-Eis: Stückchen von Macarons mit Pistazienfüllung und 1 EL Pistaziencreme unter die Schlagsahne heben.

Feigen-Zimt-Eis: 150 g getrocknete Soft-Feigen mit dem Messer öffnen, das Fruchtfleisch herausschaben, unter die Schlagsahne haben und mit 1 Prise gemahlenem Zimt verfeinern.

VANILLEEIS

Für 1 Liter Eis
Zubereitungszeit: 5 bis 10 Minuten
Gefrierzeit: 6 Stunden

400 ml Sahne (30 %, gekühlt)
250 g gezuckerte Kondensmilch (gekühlt)
2 Vanilleschoten mit viel Mark

Die Sahne, die Kondensmilch und das ausgekratzte Mark der Vanilleschoten zu Schlagsahne aufschlagen. 6 Stunden in einer gut verschließbaren Gefrierdose in den Gefrierschrank stellen. Das Eis 10 Minuten vor dem Servieren herausnehmen und zu Kugeln formen.

Kirsch-Vanille-Eis: 60 g Kirschkonfitüre unter die Schlagsahne heben.

Vanille-Marzipan-Eis: 60 g Edelmarzipan in kleine Stücke schneiden und der Schlagsahne beimischen.

KAKAO-EIS

Für 1 Liter Eis
Zubereitungszeit: 5 Minuten
Gefrierzeit: 6 Stunden

400 ml Sahne (30 %, gekühlt)
250 g gezuckerte Kondensmilch (gekühlt)
50 g Backkakao-Pulver

Die Sahne mit der Kondensmilch und dem Backkakao-Pulver steif schlagen. 6 Stunden in einer gut verschließbaren Gefrierdose in den Gefrierschrank stellen. Das Eis 10 Minuten vor dem Servieren herausnehmen und zu Kugeln formen.

Kakao-Keks-Eis: 100 g Kekse oder Sandgebäck Ihrer Wahl in kleine Stücke brechen und unter die Schlagsahne heben.

Kakao-Eis mit Spekulatius-Creme: 2 EL Spekulatius-Creme nach und nach unter die Schlagsahne mischen.

KOKOSNUSS-EIS

Für 1 Liter Eis
Zubereitungszeit: 10 Minuten
Gefrierzeit: 6 Stunden

400 ml Kokoscreme (gekühlt)
400 g gezuckerte Kondensmilch (gekühlt)

Die Kokoscreme steif schlagen. Die gezuckerte Kondensmilch mit einem Kochlöffel unterheben. 6 Stunden in einer gut verschließbaren Gefrierdose in den Gefrierschrank stellen. Das Eis 10 Minuten vor dem Servieren herausnehmen und zu Kugeln formen.

Kokos-Karamell-Himbeer-Eis: 80 g zerdrückte Himbeeren und kleine Stückchen von weichen Salzkaramellen unter die Schlagsahne heben.

Kokos-Limetten-Passionsfrucht-Eis: Die Zeste von zwei Bio-Limetten unter die Schlagsahne heben. Das Eis mit Stückchen frischer Passionsfrucht servieren.

Die Coulis

LECKERE SOSSEN ZUM VERFEINERN

Schokoladen-Coulis: 300 ml Sahne (30 %) erhitzen und vom Herd nehmen. 160 g Zartbitterschokolade hinzufügen, schmelzen lassen und die Masse glatt rühren. Abkühlen lassen oder warm servieren.

Karamell-Coulis: 180 g Zucker bei schwacher Hitze in einem Topf schmelzen lassen. Sobald der Karamell flüssig und hellbraun ist, vorsichtig 300 ml zimmerwarme Sahne (30 %) hinzufügen. Der Karamell wird dadurch hart. Bei schwacher Hitze unter Rühren den Karamell auflösen, wodurch eine cremige Konsistenz entsteht, und dann abkühlen lassen.

Caro-Kaffee-Coulis: 80 ml Milch mit 150 ml Sahne (30 %) und 15 g Caro-Pulver erhitzen und vom Herd nehmen. 70 g weiße Schokolade hinzufügen und schmelzen lassen. Umrühren, bis ein homogenes Coulis entsteht.

Kokosmilch-Karamell: 50 g Zucker in einem Topf schmelzen. Sobald der Karamell flüssig und hellbraun ist, vorsichtig 150 ml zimmerwarme Kokosmilch hinzufügen. Der Karamell wird dadurch hart. Bei schwacher Hitze unter Rühren den Karamell auflösen, wodurch eine cremige Konsistenz entsteht, und dann abkühlen lassen.

Rote-Beeren-Coulis: 100 g Erdbeeren und/oder Himbeeren mit 2 EL Zitronensaft und 20 g Puderzucker pürieren.

Mango-Coulis: 250 g Fruchtfleisch mit 20 g Zucker pürieren.

Aprikosen-Coulis: 100 ml Wasser mit 60 g Zucker zum Kochen bringen und 3 Minuten bei schwacher Hitze köcheln lassen. 200 g Aprikosen in Stücken hinzugeben. 5 Minuten dünsten, dann pürieren und kalt stellen.

Orangen-Coulis: Den Saft von 5 Orangen auspressen und filtern. Zusammen mit 50 g Zucker in einen Topf geben, 15 Minuten bei schwacher Hitze sämig einkochen und dann kalt stellen.

Zutaten

4 Bananen (geschält, 350 g Fruchtfleisch)

–

½ Zitrone

–

2 EL Agavensirup

–

1 EL flüssiger Karamell

oder

1 EL Karamellsoße

BANANEN-NICECREAM

Für 3 bis 4 Personen
Zubereitungszeit: 10 Minuten
Gefrierzeit: 1 Nacht / 2 bis 3 Stunden

Am Vortag 250 g Bananen in 1 cm dicke Scheiben schneiden, in einen Gefrierbeutel füllen und mit 2 EL Zitronensaft beträufeln. Über Nacht einfrieren.

Am Folgetag das Eis zubereiten. 100 g nicht gefrorene Bananen mit einem Stand- oder Stabmixer fein pürieren. Die gefrorenen Bananen und den Agavensirup hinzufügen und so lange mixen, bis eine cremige Masse entsteht. Achten Sie darauf, dass an den Wänden des Mixbehälters keine Bananenstückchen hängen bleiben.

Die Masse in eine gut verschließbare Gefrierdose füllen und 2 bis 3 Stunden im Gefrierschrank fest werden lassen.

10 bis 15 Minuten vor dem Servieren herausnehmen. Das Eis mit dem Eisportionierer zu Kugeln formen und mit ein paar dünnen Streifen Karamellsoße garniert servieren.

Wenn Sie eine besonders cremige Konsistenz bevorzugen, ist das Eis bereits nach dem Mixen ohne Einfrieren verzehrfertig. Ansonsten dauert es 2 bis 3 Stunden, bis das Eis vollständig fest ist. Im Gefrierschrank hält es sich ein paar Tage.

Zutaten

1 Mango
(entkernt und geschält,
400 g Fruchtfleisch)

–

30 g
Kokoscreme
(gekühlt)

–

2 EL
Limettensaft

–

2 EL
flüssiger Honig

MANGO-NICECREAM

Für 3 bis 4 Personen
Zubereitungszeit: 10 Minuten
Gefrierzeit: 1 Nacht / 2 bis 3 Stunden

Am Vortag die Mango schälen und 400 g Fruchtfleisch in kleine Stücke schneiden. Diese in einen Gefrierbeutel geben und über Nacht einfrieren.

Am Folgetag das Eis zubereiten. Dazu die gefrorenen Mangostücke mit der Kokoscreme, dem Limettensaft und dem Honig mit einem Mixer pürieren, bis eine cremige Masse entsteht. Achten Sie darauf, dass an den Wänden des Mixbehälters keine Mangostückchen hängen bleiben.

Die Masse in eine gut verschließbare Gefrierdose füllen und 2 bis 3 Stunden im Gefrierschrank fest werden lassen.

10 bis 15 Minuten vor dem Servieren herausnehmen. Das Eis mit dem Eisportionierer zu Kugeln formen und servieren.

Wenn Sie möchten, können Sie das Eis auch sofort nach dem Mixen genießen. Die Konsistenz ist dann sehr cremig. Für besondere Anlässe lässt es sich bequem im Voraus zubereiten, denn es ist im Gefrierschrank einige Tage lang haltbar. Denken Sie nur daran, es 10 bis 15 Minuten vor dem Servieren herauszunehmen.

Zutaten

1 Banane (geschält, 100 g Fruchtfleisch)

–

450 g Himbeeren

–

8 EL Ahornsirup

–

1 Handvoll Pistazienkerne

HIMBEER-NICECREAM

Für 4 Personen
Zubereitungszeit: 15 Minuten
Gefrierzeit: 1 Nacht / 2 bis 3 Stunden

Am Vortag die Banane in 1 cm breite Scheiben schneiden und in einem Gefrierbeutel einfrieren. In einem weiteren Beutel 450 g Himbeeren einfrieren.

Am Folgetag werden zwei Eissorten zubereitet. Für die erste die gefrorene Banane mit 150 g gefrorenen Himbeeren und 3 EL Ahornsirup mixen, bis eine cremige Masse entsteht. In eine gut verschließbare Gefrierdose füllen und in den Gefrierschrank stellen.

Nun 100 g gefrorene Himbeeren mit 1 EL Ahornsirup in den Mixer geben und nur kurz und in kurzen Intervallen pürieren, sodass kleine Himbeerstückchen erhalten bleiben. Die Hälfte der Masse und die eingefrorene Masse zusammenmixen und erneut einfrieren. Der Rest der zerkleinerten Himbeeren ist ein Coulis und wird kalt gestellt.

Für die zweite Eissorte 200 g Himbeeren mit 4 EL Ahornsirup mixen, bis eine glatte Masse entsteht. In eine gut verschließbare Gefrierdose füllen und in den Gefrierschrank stellen.

Sie haben die Wahl: Sie können die Eissorten getrennt 2 bis 3 Stunden im Gefrierschrank fest werden lassen und dann je eine Kugel mit dem Coulis und gehackten Pistazien servieren. Alternativ können Sie die Eiscremes abwechselnd in einen Behälter schichten, zusammen einfrieren und dann als zweifarbige Kugeln mit dem Coulis servieren.

Zutaten

1 Ananas
(400 g Fruchtfleisch in Stücken)

–

180 g
Kokoscreme
(gekühlt)

–

4 EL
Agavensirup

–

2 EL
Kokosraspel

NICECREAM MIT ANANAS
UND KOKOSSAHNE

Für 3 bis 4 Personen
Zubereitungszeit: 15 Minuten
Kochzeit: 2 Minuten
Gefrierzeit: 1 Nacht / 2 bis 3 Stunden

Am Vortag die Ananas schälen, der Länge nach vierteln, die harten Teile entfernen und 400 g Fruchtfleisch zuerst in Scheiben, dann in Stücke schneiden. Diese in einen Gefrierbeutel geben und über Nacht einfrieren.

Am Folgetag das Eis zubereiten. Die gefrorenen Ananaswürfel mit 30 g Kokoscreme und dem Agavensirup mit einem Mixer pürieren, bis eine glatte und cremige Masse entsteht. Achten Sie darauf, dass an den Wänden des Mixbehälters keine Ananasstückchen hängen bleiben. Die Masse in eine gut verschließbare Gefrierdose füllen und 2 bis 3 Stunden im Gefrierschrank fest werden lassen.

Die Kokosraspel in einer trockenen Pfanne rösten, bis sie Farbe annehmen. Dabei häufig umrühren, da sie schnell dunkel werden. 150 g Kokoscreme mit einem Handrührgerät steif schlagen.

Das Eis mit einem Esslöffel portioniert auf einem Wölkchen Kokossahne anrichten, mit Kokosraspeln bestreuen und servieren.

Das Eis ist einige Tage lang im Gefrierschrank haltbar. Denken Sie daran, es 10 bis 15 Minuten vor dem Servieren herauszunehmen, um Kugeln formen zu können.

Zutaten

500 g
Erdbeeren

–

60 g
Puderzucker

–

100 g
ungezuckerte
Kondensmilch
(gekühlt)

–

2 EL
Zitronensaft

ERDBEEREIS

Für 4 Personen
Zubereitungszeit: 5 Minuten
Gefrierzeit: 1 Nacht / 2 bis 3 Stunden

Am Vortag die Erdbeeren gründlich waschen und Stiele und Blätter abzupfen. Die Früchte trocknen lassen, in Stücke schneiden, in einen Gefrierbeutel füllen und über Nacht einfrieren.

Am Folgetag das Erdbeereis zubereiten. Dazu den Puderzucker, die Kondensmilch, die gefrorenen Erdbeeren und den Zitronensaft mit einem Mixer pürieren, bis eine homogene, cremige Masse entsteht. Achten Sie darauf, dass an den Wänden des Mixbehälters keine Erdbeerstückchen hängen bleiben.

Die Masse in eine gut verschließbare Gefrierdose füllen und 2 bis 3 Stunden im Gefrierschrank fest werden lassen. Dann herausnehmen, mit dem Esslöffel portionieren und sofort genießen.

Es dauert 2 bis 3 Stunden, bis das Eis vollständig fest ist. Im Gefrierschrank hält es sich ein paar Tage. Nehmen Sie es 10 bis 15 Minuten vor dem Servieren heraus, damit Sie schöne Kugeln formen können. Wenn gerade keine Erdbeerzeit ist, können Sie auch Tiefkühl-Erdbeeren verwenden.

Zutaten

280 g
Beeren-Mix
(tiefgekühlt)

–

150 g
griechischer Joghurt
(gekühlt)

–

1 Päckchen
Vanillezucker

–

40 g
Zucker

FROZEN YOGURT

MIT ROTEN BEEREN

Für 2 Personen
Zubereitungszeit: 5 Minuten
Gefrierzeit: 2 bis 3 Stunden

250 g gefrorene Früchte zusammen mit den anderen Zutaten in einen Mixer geben. Alles mixen, bis ein glattes, cremiges Eis entsteht.

Für eine zart schmelzende Konsistenz den Frozen Yogurt sofort mit den restlichen aufgetauten Früchten genießen.

Für ein Eis, das sich mit dem Esslöffel portionieren lässt, die Masse 2 bis 3 Stunden in einer gut verschließbaren Gefrierdose in den Gefrierschrank stellen. Das Eis 10 bis 15 Minuten vor dem Servieren herausnehmen.

Frozen Yogurt kann als Kugel in einem Eistütchen, in einem kleinen Becher oder auf einem Teller serviert werden und ist das perfekte leichte Dessert für Genuss ohne Reue. Serviert mit ein paar Toppings ist Frozen Yoghurt Gaumen- und Augenschmaus zugleich: Verzieren Sie ihn mit roten Beeren, Bananenscheiben, geröstete Mandelblättchen und / oder goldbraunen Sesamsamen.

Zutaten

400 ml
Sahne

–

2 Bananen
(geschält, 230 g
Fruchtfleisch)

–

250 g
gezuckerte
Kondensmilch
(gekühlt)

–

250 g
salzige Karamellsoße
(z.B. Crème de Salidou
oder das flüssigere
Coulis Salidou von
Maison d'Armorine,
im Onlinehandel)

BRETONISCHES BANOFFEE-EIS

Für 1 Liter Eis
Zubereitungszeit: 15 Minuten
Gefrierzeit: 6 Stunden

Die Sahne in einer Schüssel mit einem Handrührgerät sehr steif schlagen.

Die Bananen mit einer Gabel zerdrücken und mit der Kondensmilch und 50 g der salzigen Karamellsoße vermischen. Diese Masse mithilfe eines Kochlöffels vorsichtig unter die Schlagsahne heben.

Ein Drittel der Bananensahne in eine gut verschließbare Gefrierdose füllen und einen Teil der restlichen Karamellsoße streifenförmig darüber verteilen. Ein weiteres Drittel der Schlagsahne einfüllen, mit Karamellstreifen verzieren, und dann so lange fortfahren, bis alle Zutaten aufgebraucht sind. Mit Karamellsoßenstreifen abschließen. 6 Stunden im Gefrierschrank fest werden lassen.

10 Minuten vor dem Servieren herausnehmen, das Eis zu Kugeln formen und mit ein paar dünnen Streifen Karamellsoße garniert servieren.

Salzige Karamellsoße ist eine Spezialität aus der Bretagne. Zur Herstellung 150 g Zucker mit dem Saft einer halben Zitrone in einen Topf geben, erhitzen und karamellisieren lassen. In einem zweiten Topf 100 ml Sahne erhitzen und zum Karamell hinzugeben. Zum Schluss 25 g gut gekühlte gesalzene Butter einrühren. Geben Sie vor dem Einfrieren 50 g Sablés – mit salziger Butter gebackenes bretonisches Sandgebäck – in kleinen Stückchen zur Bananensahne hinzu.

Zutaten

2 Bio-Zitronen

–

150 ml
Sahne
(30 %, gekühlt)

–

350 g
gezuckerte
Kondensmilch
(gekühlt)

–

200 g
Philadelphia
oder ein anderer
Frischkäse

CHEESECAKE-EIS

MIT PHILADELPHIA UND ZITRONE

Für 1 Liter Eis
Zubereitungszeit: 10 Minuten
Gefrierzeit: 6 Stunden

Mit einem Sparschäler Zesten von den Zitronenschalen abschneiden. Anschließend die Zitronen auspressen.

Die Sahne mit der Kondensmilch und dem Frischkäse mithilfe eines Handrührgeräts sehr steif schlagen. Die Zesten und 80 ml Zitronensaft hinzugeben und einige Sekunden lang schlagen, um eine schöne cremige Schlagsahne zu erhalten.

In eine gut verschließbare Gefrierdose füllen. Das Eis 6 Stunden im Gefrierschrank fest werden lassen. Während dieser Zeit zweimal mit einer Gabel umrühren (nach 1 Stunde und nach 3 Stunden).

Das Eis 5 bis 10 Minuten vor dem Servieren herausnehmen und mit dem Eisportionierer zu schönen Kugeln formen.

Auch ganz ohne Drum und Dran ist dieses Cheesecake-Eis köstlich. Sie setzen ihm aber die Krone auf, wenn Sie es mit Rote-Beeren-Coulis (Rezept siehe S. 11) servieren.

Zutaten

150 ml
Sahne
(30 %, gekühlt)

–

350 g
gezuckerte
Kondensmilch
(gekühlt)

–

200 g
griechischer Joghurt
(gekühlt)

–

100 g
Himbeeren

JOGHURT-EIS

MIT HIMBEEREN

Für 1 Liter Eis
Zubereitungszeit: 10 Minuten
Gefrierzeit: 6 Stunden

Die Sahne mit der Kondensmilch und dem griechischen Joghurt mithilfe eines Handrührgeräts cremig aufschlagen. Die Schüssel 1 Stunde in den Gefrierschrank stellen, dann erneut aufschlagen.

Die Himbeeren mit einer Gabel zerdrücken. Die Hälfte der Joghurtsahne in eine gut verschließbare Gefrierdose füllen und hier und da kleine Himbeerstücke hinzufügen. Den Rest der Joghurtsahne einfüllen und mit Himbeerstücken garnieren. 5 Stunden im Gefrierschrank fest werden lassen.

Das Eis 10 bis 15 Minuten vor dem Servieren herausnehmen und mit dem Eisportionierer zu schönen Kugeln formen.

Alles ist möglich: Bereiten Sie dieses Eis mit Naturjoghurt ohne Himbeeren oder mit griechischem Joghurt und Vanille zu. Servieren Sie es mit Honig, mit einem Frucht-Coulis aus Erdbeeren, Himbeeren, Aprikosen oder Mango (Rezept siehe S. 11) und / oder mit frischen Früchten, wie Heidelbeeren, Himbeeren, Erdbeeren, Granatapfel oder Pfirsich.

Zutaten

250 g
gezuckert
Kondensmilch
(gekühlt)

–

400 ml
Sahne
(30 %, gekühlt)

–

20 g
Caro-Pulver
oder ein anderer
löslicher
Ersatzkaffee

–

120 g
Dulce de Leche
(spanische
Milchkonfitüre,
Rezept siehe unten)

CAPPUCCINO-EIS

MIT DULCE DE LECHE

Für 1 Liter Eis
Zubereitungszeit: 15 Minuten
Gefrierzeit: 6 Stunden

Die Kondensmilch, die Sahne und das Caro-Pulver in eine Schüssel geben. Mit dem Handrührgerät steif schlagen.

Ein Viertel der Schlagsahne in eine gut verschließbare Gefrierdose füllen, hier und da etwas Dulce de Leche (Rezept siehe unten) hinzufügen, dann wieder ein Viertel der Schlagsahne, wieder Dulce de Leche und dann so fortfahren, bis alle Zutaten aufgebraucht sind. Mit Dulce de Leche abschließen. 6 Stunden im Gefrierschrank fest werden lassen.

Das Eis 10 Minuten vor dem Servieren herausnehmen, mit dem Eisportionierer zu schönen Kugeln formen. und mit etwas Dulce de Leche garnieren.

Dulce de Leche lässt sich sehr einfach selbst herstellen: Eine Dose gezuckerte Kondensmilch 2 bis 3 Stunden im Wasserbad kochen. Gelegentlich Wasser nachfüllen. Vorsicht: Die Dose erst nach dem Abkühlen öffnen!

Zutaten

500 ml
Sahne
(30 %, gekühlt)

–

260 g
gezuckerte
Kondensmilch
(gekühlt)

–

450 g
Nutella oder
eine andere
Nuss-Nugat-Creme

–

5 Ferrero Rocher
oder andere
Nuss-Nugat-Pralinen

NUTELLA-EIS

MIT SCHOKOTROPFEN UND FERRERO ROCHER

Für 1 Liter Eis
Zubereitungszeit: 15 Minuten
Gefrierzeit: 6 Stunden

Die Sahne mit der Kondensmilch mithilfe eines Handrührgeräts steif schlagen. 350 g Nutella mit einem Kochlöffel in kreisenden Bewegungen von der Mitte aus unterheben, bis die Sahne eine gleichmäßige Farbe hat.

Etwas Nutella-Schlagsahne in eine gut verschließbare Gefrierdose füllen, hier und da kleine Kleckse Nutella als Schokotropfen hinzufügen sowie einige Stückchen Ferrero Rocher. Mit Schlagsahne bedecken, Schokotropfen und Ferrero-Rocher-Stückchen hinzufügen und so lange fortfahren, bis alle Zutaten aufgebraucht sind. Mit Ferrero-Rocher-Stückchen und Nutella-Streifen abschließen. Das Eis 6 Stunden im Gefrierschrank fest werden lassen.

Nach der Gefrierzeit herausnehmen, mit dem Eisportionierer zu Kugeln formen und sofort servieren.

Ich habe Ferrero Rocher hinzugefügt, um dieses Eis noch köstlicher zu machen. Selbstverständlich können Sie diese Pralinen aber auch mit Kinder-Bueno-Splittern ersetzen oder ein reines Nutella-Eis zubereiten.

Zutaten

400 ml
Sahne
(30 %, gekühlt)

–

250 g
gezuckerte
Kondensmilch
(gekühlt)

–

2 TL
Vanilleextrakt

–

240 g
Cookies mit
Schokoladen-
stückchen und
gerösteten Mandeln

COOKIE-EISCREME

Für 1 Liter Eis
Zubereitungszeit: 15 Minuten
Gefrierzeit: 6 Stunden

Die Sahne mit der Kondensmilch und dem Vanilleextrakt mithilfe eines Handrührgeräts steif schlagen. 80 g Cookies zu feinen Krümeln zerdrücken, unter die Schlagsahne heben und dann kurz aufschlagen.

120 g Cookies in grobe Stücke zerbrechen, zur Schlagsahne hinzufügen und vorsichtig mit einem Kochlöffel vermischen. Die Sahne in eine gut verschließbare Gefrierdose füllen, die restlichen Cookie-Splitter hinzufügen und 6 Stunden im Gefrierschrank fest werden lassen.

Das Eis 10 Minuten vor dem Servieren herausnehmen und mit dem Eisportionierer zu Kugeln formen.

Ich habe für dieses Rezept Schoko-Mandel-Cookies ausgewählt, aber Sie haben freie Hand: Nehmen Sie Cookies ganz nach Ihrem Geschmack, etwa mit Haselnüssen, Schokolade, Daim, Krokant oder Kokos. Auf die gleiche Weise können Sie auch Eis mit Amaretti herstellen.

Zutaten

500 ml
Sahne
(30 %, gekühlt)

–

100 g
Zartbitterschokolade

–

250 g
gezuckerte
Kondensmilch
(gekühlt)

–

120 g
salzige Karamellsoße
(z.B. Crème de Salidou
oder das flüssigere
Coulis Salidou von
Maison d'Armorine,
im Onlinehandel.
Rezept siehe S. 24
unten)

SCHOKOLADEN-EIS

MIT KARAMELL UND EINEM HAUCH SALZ

Für 1 Liter Eis
Zubereitungszeit: 15 Minuten
Kochzeit: 5 Minuten
Gefrierzeit: 6 Stunden

Für das Schokoladen-Coulis 100 ml Sahne erhitzen und vom Herd nehmen. Die in Stücke gebrochene Zartbitterschokolade hinzufügen und schmelzen lassen. So lange rühren, bis eine dickflüssige, glatte Masse entsteht. Zur Seite stellen.

400 ml Sahne mit einem Handrührgerät steif schlagen, dann die Kondensmilch mit einem Kochlöffel unterheben.

Ein Viertel der Schlagsahne in eine gut verschließbare Gefrierdose füllen, großzügig streifenförmig Schokoladen-Coulis und salzige Karamellsoße darüber verteilen. Mit dem Schichten so fortfahren, bis alle Zutaten aufgebraucht sind. Mit Schokoladen-Coulis und salziger Karamellsoße abschließen. 6 Stunden im Gefrierschrank fest werden lassen.

Das Eis 10 Minuten vor dem Servieren herausnehmen und mit dem Eisportionierer zu Kugeln formen.

Als Extra kommt eine 5. Zutat ins Spiel: Erdnüsse. Mischen Sie ganz einfach 60 g grob zerkleinerte, gesalzene Erdnüsse sowie Schokoladen-Coulis und salzige Karamellsoße in das Eis. Dieses Schoko-Karamell-Erdnuss-Eis ist einfach unwiderstehlich!

Zutaten

100 g
Pekannüsse

–

250 g
Ahornsirup

–

250 g
gezuckerte
Kondensmilch
(gekühlt)

–

400 ml
Sahne
(30 %, gekühlt)

EIS MIT AHORNSIRUP

UND KARAMELLISIERTEN PEKANNÜSSEN

Für 1 Liter Eis
Zubereitungszeit: 10 Minuten
Kochzeit: 8 Minuten
Gefrierzeit: 6 Stunden

Den Ofen auf 200 °C vorheizen. Die Pekannüsse mit 80 g Ahornsirup mischen und auf ein Backblech geben. 8 Minuten im Ofen backen. Auf ein Backpapier gießen, aushärten lassen und dann die karamellisierten Nüsse mit einem großen Messer grob zerkleinern. Zur Seite stellen.

Die Kondensmilch, die Sahne und 120 g Ahornsirup vermischen. Mit einem Handrührgerät aufschlagen, bis eine weiche Creme entsteht. Die Konsistenz stimmt, wenn die Creme an der Rückseite eines Löffels haften bleibt.

Ein Viertel der Creme in eine gut verschließbare Gefrierdose füllen, karamellisierte Pekannüsse und einige Streifen Ahornsirup hinzufügen, dann ein weiteres Viertel der Creme, Nüsse und Sirup. So fortfahren, bis alle Zutaten aufgebraucht sind. Mit Nüssen und Sirup abschließen. Das Eis 6 Stunden im Gefrierschrank fest werden lassen.

Das Eis 10 Minuten vor dem Servieren herausnehmen und mit dem Eisportionierer zu Kugeln formen.

Dieses Eis ist perfekt für Nussliebhaber und schmeckt auch mit Haselnüssen oder Mandeln ganz fantastisch. Wenn Sie dem Eis eine besondere Note verleihen möchten, versuchen Sie es mit gesalzenen Cashewkernen!

MARMOR-EIS

MIT WEIßER SCHOKOLADE UND KAFFEE

Zutaten

200 g
weiße Schokolade

–

500 ml
Sahne
(30 %, gekühlt)

–

125 g
gezuckerte
Kondensmilch
(gekühlt)

–

10 g
lösliches
Espressopulver

Für 1 Liter Eis
Zubereitungszeit: 15 Minuten
Kochzeit: 10 Minuten
Gefrierzeit: 6 Stunden

Die weiße Schokolade in Stücke zerteilen und in einem Topf mit 60 ml Sahne bei schwacher Hitze schmelzen. Vom Herd nehmen, die Kondensmilch einrühren und im Kühlschrank kalt stellen.

In einem anderen Topf 40 ml Sahne erhitzen, das Espressopulver hinzufügen und zur Seite stellen.

400 ml Sahne mit einem Handrührgerät steif schlagen. Zunächst einen kleinen Teil der Schlagsahne mit einem Kochlöffel unter die geschmolzene Schokolade heben, dann vorsichtig den Rest der Schlagsahne unterheben, sodass eine homogene Massen entsteht.

Für die Kaffeecreme ein Drittel der Schokoladensahne entnehmen und den Sahne-Espresso streifenförmig darüber verteilen. Nur 1- bis 2-mal umrühren.

Ein wenig Schokoladensahne in eine gut verschließbare Gefrierdose füllen, dann Kaffeecreme streifenförmig darüber verteilen. So fortfahren, bis alle Zutaten aufgebraucht sind. Mit Kaffeecreme-Streifen abschließen. Für den Marmoreffekt mit der Klinge eines Messers einige Zickzacklinien ziehen. 6 Stunden im Gefrierschrank fest werden lassen.

Das Eis 10 Minuten vor dem Servieren herausnehmen und mit dem Eisportionierer zu Kugeln formen.

KARAMELL-SPEKULATIUS-EIS

Zutaten

180 g
Zucker

–

700 ml
Sahne
(30 %, gekühlt)

–

250 g
gezuckerte
Kondensmilch
(gekühlt)

–

140 g
Spekulatius
(60 g fein zerbröselt,
80 g in grobe Stücke
gebrochen)

Für 1 Liter Eis
Zubereitungszeit: 15 Minuten
Kochzeit: 15 Minuten
Gefrierzeit: 6 Stunden

Für die Karamellzubereitung den Zucker bei schwacher Hitze in einem Topf schmelzen. Sobald der Karamell flüssig und hellbraun ist, 300 ml zimmerwarme Sahne hinzufügen. Den nun harten Karamell bei schwacher Hitze unter Rühren auflösen, dann abkühlen lassen.

Mit einem Handrührgerät 400 ml Sahne mit der Kondensmilch steif schlagen. Den zerbröselten Spekulatius und 180 g Karamellzubereitung hinzufügen. Erneut mithilfe des Handrührgeräts schnell aufschlagen.

Ein Viertel der Schlagsahne in eine gut verschließbare Gefrierdose füllen, die groben Spekulatiusstücke hinzufügen und ein paar Streifen der restlichen Karamellzubereitung darüber verteilen. So fortfahren, bis alle Zutaten aufgebraucht sind. Mit Spekulatius und Karamell abschließen. 6 Stunden im Gefrierschrank fest werden lassen.

Das Eis 10 Minuten vor dem Servieren herausnehmen und mit dem Eisportionierer zu Kugeln formen.

Auch ein Vanille-Karamell-Spekulatius-Eis ist denkbar: Fügen Sie dazu dem Vanilleeis (Rezept siehe S. 9) einfach Streifen von Karamellsoße und Spekulatiusstücke hinzu.

Zutaten

400 ml
Sahne
(30 %, gekühlt)

–

250 g
gezuckerte
Kondensmilch
(gekühlt)

–

2 TL
Bittermandelaroma

–

100 g
Müsli

MANDEL-MÜSLI-EIS

Für 1 Liter Eis
Zubereitungszeit: 10 Minuten
Gefrierzeit: 6 Stunden

Die Sahne mit der Kondensmilch und dem Bittermandelaroma mithilfe eines Handrührgeräts steif schlagen. Die Schlagsahne in eine gut verschließbare Gefrierdose füllen und 6 Stunden im Gefrierschrank fest werden lassen.

Das Eis 10 Minuten vor dem Servieren herausnehmen, mit dem Eisportionierer zu schönen Kugeln formen und mit Müsli bestreut servieren.

Für einen ganz besonderen Genuss servieren Sie dieses Eis mit einem Klecks Schlagsahne und mit Rote-Beeren-Coulis (Rezept siehe S. 11). Wählen Sie zudem zwischen Müsli mit oder ohne Schokolade.

Zutaten

400 ml
Sahne
(30 %, gekühlt)

–

250 g
gezuckerte
Kondensmilch
(gekühlt)

–

180 ml
Amaretto

–

30 g
Backkakao

TIRAMISU-EIS

MIT AMARETTO UND KAKAO

Für 1 Liter Eis
Zubereitungszeit: 10 Minuten
Gefrierzeit: 6 Stunden

Die Sahne mit der Kondensmilch mithilfe eines Handrührgeräts steif schlagen. Den Amaretto hinzufügen und erneut einige Sekunden schlagen.

Die Hälfte der Schlagsahne in eine gut verschließbare Gefrierdose füllen, mit Kakao bestreuen, den Rest der Schlagsahne darüber geben und erneut mit Kakao bestreuen. Mit einem Kochlöffel zweimal durch die Masse gehen, um einen Marmoreffekt zu erzielen. Mit dem restlichen Kakao bestreuen und 6 Stunden im Gefrierschrank fest werden lassen.

Mit dem Eisportionierer zu schönen Kugeln formen. und sofort servieren.

Dieses Eisrezept ist zwar ein bisschen wie Tiramisu, allerdings fehlen im Vergleich zum italienischen Dessert zwei wichtige Zutaten: Espresso und Löffelbiskuits. Falls Sie diese Zutaten zu Hause haben, tauchen Sie 4 bis 6 Löffelbiskuits in gekühlten Espresso ein und fügen Sie diese beim Einschichten in die Gefrierdose der Amarettosahne in 2 Schichten hinzu.

Zutaten

550 ml
Sahne
(30 %, gekühlt)

–

225 g
gezuckerte
Kondensmilch
(gekühlt)

–

160 g
Zartbitterschokolade
mit Praliné-Füllung

–

40 g
gebrannte Erdnüsse

HOT FUDGE SUNDAE

MIT NUGATSCHOKOLADE UND PRALINEN

Für 4 Personen
Zubereitungszeit: 10 Minuten
Kochzeit: 5 Minuten
Gefrierzeit: 5 Stunden

300 ml Sahne mit der Kondensmilch mithilfe eines Handrührgeräts steif schlagen. Die Schlagsahne in 4 Eisbecher füllen, mit Frischhaltefolie abdecken und 5 Stunden im Gefrierschrank fest werden.

Vor dem Servieren 250 ml Sahne in einem Topf erhitzen. Vom Herd nehmen, die in Stücke gebrochene Schokolade hinzufügen und schmelzen lassen. Umrühren, bis ein glattes Coulis entsteht.

Die gebrannten Erdnüsse mit einem Messer grob zerkleinern.

Die Eisbecher aus dem Gefrierschrank nehmen und die warme Hot-Fudge-Soße darübergießen. Mit Erdnussstückchen garnieren, 5 bis 10 Minuten warten, dann genießen.

Auf Basis dieses Eisrezepts können Sie eine Vielfalt unterschiedlicher Eisbecher kreieren. Hier sind einige Ideen: Eisbecher mit Rote-Beeren-Coulis (Rezept siehe S. 11), mit gerösteten Mandelblättchen, mit salziger Karamellsoße (Rezept siehe S. 24) und Schokoladenmüsli oder mit Aprikosen-Coulis (Rezept siehe S. 11) und Pinienkernen.

Zutaten

200 ml
Sahne
(30 %, gekühlt)

–

75 g
Daim-Minis
oder andere Butter-Mandel-Karamell-Snacks

–

125 g
gezuckerte Kondensmilch
(gekühlt)

–

240 g
Zartbitterschokolade

EIS AM STIEL

MIT DAIM-MINIS

Für 7 bis 8 Eis am Stiel
Zubereitungszeit: 25 Minuten
Kochzeit: 5 Minuten
Gefrierzeit: 7 Stunden

Die Sahne mit einem Handrührgerät sehr steif schlagen.

Die Daim-Minis mit dem Mixer zerkleinern, Kondensmilch hinzugeben, erneut mixen und die Masse unter die Schlagsahne heben. Die Formen für Eis am Stiel befüllen und das Eis 6 Stunden im Gefrierschrank fest werden lassen.

Das Eis am Stiel aus der Form ziehen und auf Backpapier legen in den Gefrierschrank legen.

Für die Glasur die Schokolade mit 4 EL Öl im Wasserbad schmelzen. Die Schokolade aus dem Wasserbad nehmen, sobald die Hälfte geschmolzen ist. So lange rühren, bis die Schokolade vollständig geschmolzen ist – so wird die perfekte Temperatur für die Glasur erreicht.

Die Schokolade in ein hohes, schmales Gefäß füllen und jedes Eis hineintauchen. Es muss nicht zwingend vollständig mit Schokolade überzogen sein. Auf einem Stück Backpapier eine weitere Stunde in den Gefrierschrank legen.

Sie können das Daim-Eis auch in eine gut verschließbare Gefrierdose geben und ohne Glasur genießen.

Zutaten

200 g
Erdbeeren

–

7 EL
Agavensirup

–

1 Mango
(entkernt und geschält,
200 g Fruchtfleisch)

–

2 Kiwis
(geschält, 150 g Fruchtfleisch)

FRUCHTIGE EISLOLLIS

MIT ERDBEEREN, MANGO UND KIWI

Für 8 Lollis
Zubereitungszeit: 15 Minuten
Gefrierzeit: 6 Stunden

Die Erdbeeren mit 1 EL Agavensirup in einem Mixer pürieren, bis eine glatte und homogene Masse entsteht. Zur Seite stellen.

Den Mixbehälter reinigen. Nun die Mango in Stücke schneiden und mit 4 EL Agavensirup im Mixer pürieren. Zur Seite stellen.

Den Mixbehälter reinigen. Zuletzt die beiden Kiwis in Stücke schneiden und mit 2 EL Agavensirup pürieren.

Die Formen für Eis am Stiel befüllen. Dabei die Farben und Geschmacksrichtungen abwechseln, beispielsweise: Erdbeer-Mango-Kiwi, Mango-Kiwi-Mango, Erdbeer-Mango-Erdbeer-Mango oder Kiwi-Erdbeer-Kiwi. Auch Lollis mit nur einer Obstsorte sind möglich. 6 Stunden im Gefrierschrank fest werden lassen.

Das Rezept lässt sich sowohl mit frischem als auch mit Tiefkühl-Obst umsetzen. Gefrorene Früchte müssen vor dem Pürieren mit dem Agavensirup gemischt werden. Achten Sie beim Befüllen der Formen darauf, dass sich keine Luftblasen bilden und sich die Farbschichten deutlich voneinander absetzen.

Zutaten

100 ml
Agavensirup

–

350 ml
Kokoscreme
(gekühlt)

–

50 g
gesalzene
Cashewkerne

–

180 g
Zartbitterschokolade

EIS AM STIEL

MIT KOKOS, SCHOKOLADE UND CASHEWKERNEN

Für 7 bis 8 Portionen
Zubereitungszeit: 20 Minuten
Kochzeit: 20 Minuten
Gefrierzeit: 7 Stunden

50 ml Agavensirup in einem Topf aufkochen. Sobald der Sirup schäumt, eindickt und eine schöne goldene Farbe annimmt, 50 ml Kokoscreme hinzufügen. Bei schwacher Hitze um die Hälfte einkochen lassen. Die Konsistenz stimmt, wenn der Agavenkaramell am Löffel haften bleibt. Zur Seite stellen.

300 ml Kokoscreme mit 50 ml Agavensirup mithilfe eines Handrührgeräts steif schlagen. Anschließend 20 g grob gehackte, gesalzene Cashewkerne und den Agavenkaramell hinzufügen. Die Schlagsahne 1- bis 2-mal umrühren und in die Eisformen füllen. 6 Stunden im Gefrierschrank fest werden lassen.

Das Eis aus den Formen lösen, auf Backpapier legen und in den Gefrierschrank legen. Die Schokolade aus dem Wasserbad nehmen, sobald die Hälfte geschmolzen ist. Dann rühren, bis die Schokolade vollständig geschmolzen ist – so wird die perfekte Temperatur für die Glasur erreicht.

Die Glasur in ein hohes, schmales Gefäß füllen und jedes Eis hineintauchen. Dann die Schokolade mit den restlichen gehackten Nüssen bestreuen. Auf einem Stück Backpapier eine weitere Stunde in den Gefrierschrank legen.

Zutaten

3 gelbe Pfirsiche (geschält und entsteint, 250 g Fruchtfleisch)

–

150 g gezuckerte Kondensmilch (gekühlt)

–

150 g Zartbitterschokolade mit ganzen Mandeln

–

4 Eistüten

PFIRSICH-EIS

MIT SCHOKO-MANDEL-TÜTCHEN

Für 4 Personen
Zubereitungszeit: 15 Minuten
Kochzeit: 5 Minuten
Gefrierzeit: 1 Nacht / 1 bis 2 Stunden

Am Vortag die Pfirsiche in Stücke schneiden, in einen Gefrierbeutel füllen und über Nacht einfrieren.

Am Folgetag das Eis zubereiten. Die Pfirsichstücke zusammen mit der Kondensmilch pürieren, bis eine glatte, cremige Masse entsteht. Achten Sie darauf, dass an den Wänden des Mixbehälters keine Fruchtstückchen hängen bleiben. Die Masse in eine gut verschließbare Gefrierdose füllen und 1 bis 2 Stunden im Gefrierschrank fest werden lassen.

Die Schokolade in Stücke brechen. Die Mandeln von der Schokolade trennen und mit einem großen Messer fein hacken. Die Schokolade im Wasserbad schmelzen, umrühren und in ein hohes, schmales Gefäß gießen. Die Eistüten mit der offenen Seite 2 cm tief in die geschmolzene Schokolade tauchen. Innen- und Außenseite mit einem Spatel glätten und mit Mandelsplittern bestreuen. Die Tüten trocknen lassen.

Eiskugeln formen und in die Tüten füllen.

Das Eis kann im Voraus zubereitet und sogar mehrere Tage im Gefrierschrank aufbewahrt werden. Nehmen Sie es jedoch 15 Minuten vor dem Servieren heraus, damit Sie schöne Kugeln formen können. Testen Sie dieses Rezept auch mit Mango – ein Genuss!

Zutaten

340 g Zartbitterschokolade mit ganzen Haselnüssen

–

280 ml Sahne (30 %, gekühlt)

–

125 g gezuckerte Kondensmilch (gekühlt)

–

8 Eistüten

EISKONFEKT UND SCHOKOTÜTCHEN

Für 8 Portionen
Zubereitungszeit: 30 Minuten
Kochzeit: 10 Minuten
Gefrierzeit: 7 Stunden

Für die Ganache 100 g der Schokolade im Mixer zerkleinern. In einem Topf 80 ml Sahne erhitzen, vom Herd nehmen und die Schokolade mit den Haselnüssen hinzufügen. Die Schokolade schmelzen lassen, die Ganache glatt rühren und abkühlen lassen.

200 ml Sahne mit der Kondensmilch steif schlagen. Ein Drittel der Schlagsahne in eine gut verschließbare Gefrierdose füllen, ein Drittel der Ganache hinzugeben, und den Vorgang wiederholen, bis alle Zutaten aufgebraucht sind. Für den Marmoreffekt einmal mit dem Kochlöffel hindurchgehen. 6 Stunden im Gefrierschrank fest werden lassen.

8 schöne Eiskugeln mit einem Eisportionierer formen. Auf Backpapier im Gefrierschrank aufbewahren.

Für die Glasur die restliche Schokolade im Mixer zerkleinern. Die Schokolade mit 4 EL Öl im Wasserbad schmelzen. Die Schokolade aus dem Wasserbad nehmen, sobald die Hälfte geschmolzen ist, dann so lange rühren, bis die Schokolade vollständig geschmolzen ist.

Eine Kugel Eis auf jede Eistüte setzen und mit der Schokoglasur übergießen. Auch die Eiskugeln auf dem Backpapier mit der Glasur übergießen. Schokotütchen und Eiskonfekt vor dem Verzehr für eine Stunde in den Gefrierschrank legen.

Zutaten

2 Eigelbe

–

200 ml
Sahne
(30 %, gekühlt)

–

120 g
gezuckerte
Kondensmilch
(gekühlt)

–

32
kleine
Schokoplätzchen

oder

16
Chocolate Cookies

oder

16
dünne Waffeln

EIS-SANDWICHES
MIT MILCHCREME

Für 16 kleine oder 8 große Sandwiches
Zubereitungszeit: 20 Minuten
Kochzeit: 15 Minuten
Gefrierzeit: 7 Stunden

Die Eigelbe schaumig schlagen und in einen Topf geben. 100 ml Sahne mit der Kondensmilch in einem Topf erhitzen und unter ständigem Rühren über die geschlagenen Eigelbe gießen. Die Masse bei geringer Hitze unter ständigem Rühren leicht eindicken. Noch bevor alle Blasen verschwunden sind, den Topf vom Herd nehmen. Nach dem Abkühlen die restliche kalte Sahne steif schlagen und unterheben. In eine gut verschließbare Gefrierdose füllen und 5 Stunden im Gefrierschrank fest werden lassen.

Das Eis 15 Minuten vor dem Formen der Sandwiches herausnehmen. Für ein kleines Sandwich einen Teelöffel Eis auf ein Schokoplätzchen setzen, ein zweites Plätzchen auflegen und andrücken. Für die großen Sandwiches mit den Chocolate Cookies und Eiskugeln ebenso verfahren. Die Ränder glätten, einzeln in Frischhaltefolie einwickeln und 2 Stunden lang einfrieren.

10 Minuten vor dem Servieren herausnehmen.

Bestreichen Sie die Sandwiches rundum mit Orangen- oder Himbeermarmelade und wenden Sie sie in gehackten gerösteten Haselnüssen oder Pistazien. Auch als Kugel serviert ist dieses Eis köstlich. Garnieren Sie es mit Frucht-, Schokoladen- oder Karamell-Coulis (Rezepte siehe S. 11) oder mit Nutella-Streifen.

SEMIFREDDO

MIT KROKANT

Zutaten

300 g
Mandel-Haselnuss-
Mischung

–

300 g
Zucker

–

400 ml
Sahne
(30 %, gekühlt)

–

250 g
gezuckerte
Kondensmilch
(gekühlt)

Für 6 bis 8 Personen
Zubereitungszeit: 25 Minuten
Kochzeit: 10 Minuten
Gefrierzeit: 1 Nacht

Für den Krokant am Vortag die Mandel-Haselnuss-Mischung und den Zucker in einer Pfanne vermengen. Bei mittlerer Hitze den Zucker unter Rühren schmelzen und karamellisieren. Vom Herd nehmen, wenn der Karamell hellbraun ist und die Kerne umhüllt. Auf ein Stück Backpapier gießen und fest werden lassen. Den Krokant in Stücke brechen und in einen Mixer geben. So lange mixen, bis Krokantpulver entsteht. 110 g des Pulvers zur Seite stellen. Den Rest weitermixen, bis eine dickflüssige, homogene Masse entsteht: die Krokantmasse.

Die Sahne und die Kondensmilch steif schlagen. Ein Drittel der Schlagsahne zur Seite stellen. Die restlichen zwei Drittel mit 230 g Krokantmasse vermengen und kurz aufschlagen.

Eine Kastenform mit Frischhaltefolie auslegen. Die Hälfte der Krokantcreme hineinfüllen, 50 g Krokantpulver darüber streuen, hier und da Tupfer von insgesamt 50 g Krokantmasse hinzufügen, mit Schlagsahne bedecken und dann die restliche Krokantcreme darüber geben. Glatt streichen, mit Frischhaltefolie abdecken und über Nacht im Gefrierschrank fest werden lassen.

Am Folgetag das Eis 15 Minuten vor dem Servieren herausnehmen, auf eine Platte stürzen, mit 60 g Krokantpulver bestreuen und in Scheiben schneiden.

ICE CREAM CAKE

MIT KOKOS UND HONIGKUCHEN

Zutaten

400 ml Kokoscreme (gekühlt)

–

400 g gezuckerte Kondensmilch (gekühlt)

–

200 g Honigkuchen (in 9 Scheiben geschnitten)

–

100 ml Espresso (gekühlt)

Für 6 bis 8 Personen
Zubereitungszeit: 20 Minuten
Gefrierzeit: 7 Stunden

Eine Kastenform mit Frischhaltefolie auslegen.

Die Kokoscreme mit einem Handrührgerät sehr steif schlagen. Die Kondensmilch vorsichtig mit einem Kochlöffel unterheben. Die Hälfte dieser Masse in die Form gießen, glätten und 30 Minuten lang einfrieren.

Die Hälfte der Honigkuchenscheiben in den Espresso tauchen und in der Form auf die Kokosschicht legen. Den Rest der Kokossahne auf den Honigkuchen geben, glätten und 30 Minuten einfrieren. Den restlichen Honigkuchen in den Kaffee tauchen und die Scheiben auf die Kokosschicht legen. Mit Frischhaltefolie abdecken und 6 Stunden im Gefrierschrank fest werden lassen.

Den Ice Cream Cake 5 bis 10 Minuten vor dem Servieren herausnehmen. Aus der Form lösen, in Scheiben schneiden und sofort servieren.

Schnell, einfach und zugleich raffiniert: Dieser Ice Cream Cake ist ein Dessert-Favorit, wenn Sie Besuch bekommen. Wie wäre es mit einem Ice Cream Cake als Weihnachtsdessert? Von seinen Aromen her würde das perfekt passen!

Zutaten

500 g
Haselnuss-Brownies

oder

500 g
Pekannuss-Brownies

–

580 ml
Sahne
(30 %, gekühlt)

–

190 g
Milchschokolade

–

250 g
gezuckerte
Kondensmilch
(gekühlt)

BROWNIE-EISCREME-SCHICHTKUCHEN

Für 6 bis 8 Personen
Zubereitungszeit: 25 Minuten
Kochzeit: 5 Minuten
Gefrierzeit: 6 Stunden

Eine Kastenform mit Frischhaltefolie auslegen.

Für 3 Brownie-Schichten die Brownies in 9 große Quadrate oder zur Kastenform passende Rechtecke schneiden. Die Stücke flach drücken – Sie sollten dann etwa 1 cm dick sein.

180 ml Sahne erhitzen. Vom Herd nehmen, die in Stücke gebrochene Schokolade hinzufügen und schmelzen lassen. Umrühren, bis ein glattes Coulis entsteht, und abkühlen lassen.

Mit einem Handrührgerät die restliche Sahne mit der Kondensmilch steif schlagen.

Den Boden der Form bis zum Rand mit einer Schicht Brownies belegen. Die Hälfte der Schlagsahne darauf geben, 120 g Schokoladen-Coulis hinzufügen und 2- bis 3-mal den Kochlöffel durchziehen, um einen schönen Marmoreffekt zu erzielen. Den Vorgang wiederholen. Mit einer Schicht Brownies abschließen, die bis zum Rand reicht. Mit Frischhaltefolie abdecken und 6 Stunden im Gefrierschrank fest werden lassen.

Den Brownie-Eiscreme-Schichtkuchen 10 Minuten vor dem Servieren herausnehmen, in gleichmäßige Scheiben schneiden, mit ein paar Streifen Schokoladen-Coulis garnieren und servieren.

POPCORN-EISKUCHEN

MIT SALZKARAMELL

Zutaten

200 ml
Sahne
(30 %, gekühlt)

–

125 g
gezuckerte
Kondensmilch
(gekühlt)

–

160 g
salzige Karamellsoße
(z.B. Crème de Salidou
oder das flüssigere
Coulis Salidou von
Maison d'Armorine,
im Onlinehandel.
Rezept siehe S. 24
unten)

–

25 g
Karamell-
Popcorn

Für 4 bis 6 Personen
Zubereitungszeit: 15 Minuten
Kochzeit: 2 bis 3 Minuten
Gefrierzeit: 6,5 Stunden

Die Sahne mit der Kondensmilch mithilfe eines Handrührgeräts steif schlagen.

Eine runde Backform mit Frischhaltefolie auslegen. Die Hälfte der Schlagsahne hineingeben, glatt streichen und 30 Minuten lang einfrieren. 120 g salzige Karamellsoße in einer gleichmäßigen Schicht bis zum Rand darüber geben – schnell mit einem Spatel verteilen. Die andere Hälfte der Sahne hinzufügen, glatt streichen, mit Frischhaltefolie abdecken und 6 Stunden einfrieren.

Das Eis auf eine Platte stürzen. Das Karamellpopcorn mit 10 g salziger Karamellsoße mischen, um es klebrig zu machen. In der Mitte des Eiskuchens locker aufhäufen.

30 g salzige Karamellsoße bei schwacher Hitze in einem Topf erhitzen, über den Popcornberg gießen und sofort servieren.

Auf die passende Größe der Form kommt es an: Verwenden Sie für dieses Rezept eine kleine runde Form mit hohem Rand. Geeignet ist beispielsweise eine Charlotte-Backform oder eine kleine Springform. Die hier verwendete Form hat 18 cm Durchmesser.

Zutaten

250 g
Milchschokolade
mit Rosinen und
ganzen Haselnüssen

–

650 ml
Sahne
(30 %, gekühlt)

–

250 g
gezuckerte
Kondensmilch
(gekühlt)

–

150 ml
Baileys oder
ein anderer
Whiskey-Sahnelikör

EIS-MARMORKUCHEN

MIT BAILEYS, MILCHSCHOKOLADE, ROSINEN UND HASELNÜSSEN

Für 6 bis 8 Personen
Zubereitungszeit: 20 Minuten
Kochzeit: 5 Minuten
Gefrierzeit: 6 Stunden

Die Schokolade mit den Rosinen und den Haselnüsse im Mixer relativ fein zerkleinern. 250 ml Sahne erhitzen. Vom Herd nehmen, die Schokoladenmischung aus dem Mixer hinzufügen und schmelzen lassen. Umrühren, bis ein glattes Coulis entsteht. Nach dem Abkühlen in den Kühlschrank stellen.

Mit einem Handrührgerät 400 ml Sahne mit der Kondensmilch steif schlagen. Den Baileys hinzugeben und noch einige Sekunden länger schlagen.

Eine Kastenform mit Frischhaltefolie auslegen. Ein Viertel der Schlagsahne hineinfüllen, ein Viertel des Schokoladen-Coulis hinzugeben und 2-mal den Kochlöffel durchziehen, um einen schönen Marmoreffekt zu erzielen. Den Vorgang wiederholen, bis alle Zutaten aufgebraucht sind. Mit Frischhaltefolie abdecken und 6 Stunden im Gefrierschrank fest werden lassen.

Den Eis-Marmorkuchen 5 Minuten vor dem Servieren herausnehmen und in Scheiben schneiden.

Ein ebenso unwiderstehliches Eis erhalten Sie, wenn Sie es mit Amaretto aromatisieren und mit dunkler Mandelschokolade herstellen. Servieren Sie es in Scheiben oder als Kugeln – ganz nach Lust und Laune!

Zutaten

360 g
Heidelbeeren

–

13 EL
Ahornsirup

–

100 ml
Sahne
(30 %, gekühlt)

–

16 kleine Baisers

HEIDELBEER-EISBAISER

MIT AHORNSIRUP

Für 4 Portionen
Zubereitungszeit: 15 Minuten
Gefrierzeit: 1 Nacht / 3 bis 4 Stunden

Am Vortag 300 g der Heidelbeeren in einen Gefrierbeutel füllen und über Nacht einfrieren.

Am Folgetag das Eis zubereiten. Die gefrorenen Heidelbeeren mit 9 EL Ahornsirup mit dem Mixer pürieren, bis eine cremige und homogene Masse entsteht. 2 EL entnehmen, mit den restlichen frischen Heidelbeeren mischen und für die abschließende Garnitur aufbewahren. Die Masse in eine gut verschließbare Gefrierdose füllen und 3 bis 4 Stunden im Gefrierschrank fest werden lassen.

Im Anschluss das Eis aus dem Gefrierschrank nehmen. Die Sahne mit einem Handrührgerät sehr steif schlagen.

Die ganzen oder in große Stücke gebrochenen Baisers auf Teller oder Dessertschalen aufteilen, eine Kugel Heidelbeereis, ein Wölkchen Schlagsahne und die frischen Heidelbeeren hinzufügen und jedes Eisbaiser mit 1 EL Ahornsirup übergießen.

Wenn gerade keine Saison ist, können Sie auch Tiefkühl-Heidelbeeren verwenden. Dieses Eisbaiser kann mit verschiedenen Eissorten aus diesem Buch, wie Erdbeereis, Mango- oder Ananas-Nicecream, oder mit gekauften Sorbets, zum Beispiel aus Passionsfrucht, Kirsche oder schwarzer Johannisbeere, umgesetzt werden.

Zutaten

500 ml
Sahne
(30 %, gekühlt)

–

250 g
gezuckerte
Kondensmilch
(gekühlt)

–

330 g
Oreo-Kekse
oder andere
dunkle Kekse mit
Cremefüllung

–

100 g
Zartbitterschokolade

OREO-EISKUCHEN

Für 6 bis 8 Personen
Zubereitungszeit: 20 Minuten
Kochzeit: 5 Minuten
Gefrierzeit: 1 Nacht

Am Vortag 400 ml Sahne mit der Kondensmilch mithilfe eines Handrührgeräts steif schlagen. 150 g Oreo mit einem großen Messer grob zerkleinern und mit einem Kochlöffel vorsichtig unter die Schlagsahne heben. Eine Kastenform mit Frischhaltefolie auslegen. Die Hälfte der Schlagsahne hineinfüllen, eine Schicht Oreo-Kekse darauf legen, welche die Form bis zum Rand ausfüllt, und den Rest der Schlagsahne gleichmäßig darauf verteilen. Die Oberfläche glatt streichen, mit Frischhaltefolie abdecken und über Nacht im Gefrierschrank fest werden lassen.

Am Folgetag das Eis 15 Minuten vor dem Servieren herausnehmen. Die Schokolade in Stücke brechen, bei schwacher Hitze in 100 ml Sahne schmelzen und rühren, bis eine gleichmäßige Creme entsteht.

Das Eis auf eine Platte stürzen, in Scheiben schneiden und auf Dessertteller verteilen. Über jede Portion die noch warme Schokolade gießen. Die restlichen Oreo in Stücke teilen und die Eiskuchenscheiben damit garnieren.

Um ein einfaches Oreo-Eis herzustellen, frieren Sie die Masse in eine gut verschließbare Gefrierdose ein.

Darf's ein bisschen mehr sein?

Vier Zutaten reichen völlig aus, um köstliches Eis selbst herzustellen. Oft sind diese so lecker, dass jede für sich alleine schon ein Genuss ist. Je nach Lust und Laune können die Eisrezepte in diesem Buch variiert werden. Passen Sie Ihr Dessert einem bestimmten Anlass an – oder auch einfach dem Inhalt Ihres Vorratsschranks. Hier sind einige Tipps, was Sie mit bestimmten Eissorten noch so alles machen können. Sorgen Sie für Abwechslung und kreieren Sie immer wieder neue Geschmackserlebnisse!

Brownie-Eiscreme-Schichtkuchen (Rezept siehe S. 66)

Verleihen Sie der Schlagsahne mit 1 Teelöffel flüssiger Vanille Aroma.

Cappuccino-Eis mit Dulce de Leche (Rezept siehe S. 30)

Fügen Sie nach Belieben hinzu: geröstete Mandel- oder Haselnusssplitter, Pinienkerne, Schokoladen-Coulis-Streifen. Auch Stückchen von Kaffee-Macarons, Spekulatius oder Schokoladensandgebäck sind eine gute Ergänzung dieser Eissorte.

Eis-Sandwiches mit Milchcreme (Rezept siehe S. 60)

Verfeinern Sie das Eis mit Vanille, Bittermandelaroma, löslichem Espressopulver oder Orgeat-Sirup.

Eiscreme (Rezept siehe S. 9)

Fügen Sie dem Eis vor dem Gefrieren Gewürze hinzu, zum Beispiel gemahlenen Ingwer oder Kardamom, oder auch Zitronenschale und Ahornsirup. In diese einfache und sehr leckere Eiscreme können Sie auch ganz nach Ihren Wünschen Gebäckstückchen, Trockenfrüchte, Konfitüre oder einen süßen Brotaufstrich, wie beispielsweise eine Nuss-Nugat-Creme, einarbeiten. Arrangieren Sie die Eisbällchen auf einem Teller mit einem Coulis, frischen Früchten und knusprigem Topping, wie Crunchy Müsli. Heidelbeeren und Spekulatius, Pekannüsse und Coulis de Salidou – es passt so vieles zu dieser Eiscreme!

Erdbeereis (Rezept siehe S. 20)

Fügen Sie ein paar gehackte Basilikumblätter hinzu oder probieren Sie es einmal mit den gehackten Blättern von Zitronenthymian oder Thymian.

Himbeer-Nicecream (Rezept siehe S. 16)

Wenn Sie eine besonders cremige Konsistenz lieben, verzehren Sie das Eis gleich nach dem Mixen. Richten Sie es an, indem Sie die beiden Eissorten – die Variante mit und die ohne Banane –, abwechselnd in Gläser oder Dessertschalen schichten. Mit Himbeerchips, frischen Himbeeren oder Pistazien bestreut servieren.

Hot Fudge Sundae mit Nugatschokolade und Pralinen (Rezept siehe S. 48)

Aromatisieren Sie das Eis nach Belieben mit 1 Teelöffel Vanillepulver oder 1 Esslöffel löslichem Espressopulver.

Kakao-Eis (Rezept siehe S. 10)

Geben Sie vor dem Gefrieren Gewürze, wie gemahlenen Ingwer, in das Eis, oder verleihen Sie ihm eine dezente Schärfe mit etwas Chilipulver. Mischen Sie kleine Stückchen kandierter Orange unter und servieren Sie das Kakao-Eis mit einem fruchtigen Orangen-Coulis. Auch Kokosmilchkaramell, Schokoladen- oder Kaffee-Coulis ergänzen es perfekt.

Vanilleeis (Rezept siehe S. 9)

Integrieren Sie Macarons- oder Brownie-Stückchen in das Vanilleeis und servieren Sie es mit Schokoladen-Coulis oder einer Karamellsoße – süß oder salzig. Zusammen mit einem fruchtigen Coulis aus Mango, Orangen, Beeren oder Passionsfrucht ergibt Vanilleeis ein perfektes Dessert. Oder lieben Sie Mokkageschmack? Dann reichen Sie das Eis mit einem Kaffee-Coulis.

ISBN 978-3-8094-4930-0

1. Auflage

Die Originalausgabe erschien auf Französisch unter dem Titel *Glaces sans sorbetière en 4 ingrédients*

Text: Stéphanie Bulteau
Fotos: Claire Payen

Umschlaggestaltung: Atelier Versen, Bad Aibling
Redaktion und Producing: SAW Communications,
Redaktionsbüro Dr. Sabine A. Werner, Dahn
Übersetzung: SAW Communications, Annegret Tripodi
Satz: SAW Communications in Zusammenarbeit mit Anke Enders
Herstellung: Franziska Polenz
Projektleitung: Sibylle Lehmann

Druck und Bindung: Alföldi Nyomda Zrt., Debrecen

Printed in Hungary

Penguin Random House Verlagsgruppe FSC® N001967